積極向上的跳跳豆

挑戰自己

新雅文化事業有限公司
www.sunya.com.hk

小跳豆做最好的自己故事系列

培養積極樂觀的正向性格，讓孩子快樂地成長！

擁有正向性格的孩子，會願意主動探索新事物和迎接挑戰。因此，培養幼兒樂觀積極的正向態度非常重要。

《小跳豆做最好的自己故事系列》共10冊，分別由10位性格不同的豆豆好友團團員擔當主角。孩子透過他們的經歷，可以進一步認識自己、了解他人，嘗試明白並接納不同人的性格特點，學習以正向的態度發揮所長、擁抱自己的不完美，以及面對各種困難，積極樂觀地成長。

豆豆好友團介紹

齊來認識本冊的主角吧!

跳跳豆

- 糖糖豆的孿生哥哥
- 運動健將
- 聰明活潑

新雅・點讀樂園 升級功能

　　本系列屬「新雅點讀樂園」產品之一，若配備新雅點讀筆，爸媽和孩子可以使用全書的點讀和錄音功能，聆聽粵語朗讀故事、粵語講故事和普通話朗讀故事，更可錄下爸媽和孩子的聲音來說故事，增添親子閱讀的趣味！

　　家長如欲另購新雅點讀筆，或想了解更多新雅的點讀產品，請瀏覽新雅網頁(www.sunya.com.hk)。

如何使用新雅點讀筆閱讀故事？

1. 下載本故事系列的點讀筆檔案

1️⃣ 瀏覽新雅網頁(www.sunya.com.hk) 或掃描右邊的QR code

　　進入 新雅・點讀樂園 。

2️⃣ 點選 下載點讀筆檔案 ▶ 。

3️⃣ 依照下載區的步驟說明，點選及下載《小跳豆做最好的自己故事系列》的點讀筆檔案至電腦，並複製至新雅點讀筆的「BOOKS」資料夾內。

2. 啟動點讀功能

　　開啟點讀筆後，請點選封面右上角的 新雅・點讀樂園 圖示，然後便可翻開書本，點選書本上的故事文字或圖畫，點讀筆便會播放相應的內容。

3. 選擇語言

如想切換播放語言，請點選內頁右上角的 粵 ☆ 普 圖示，當再次點選內頁時，點讀筆便會使用所選的語言播放點選的內容。

4. 播放整個故事

如想播放整個故事，請直接點選以下圖示：

5. 製作獨一無二的點讀故事書

爸媽和孩子可以各自點選以下圖示，錄下自己的聲音來說故事！

1 先點選圖示上 爸媽錄音 或 孩子錄音 的位置，再點 OK，便可錄音。

2 完成錄音後，請再次點選 OK，停止錄音。

3 最後點選 ▶ 的位置，便可播放錄音了！

4 如想再次錄音，請重複以上步驟。注意每次只保留最後一次的錄音。

跳跳豆是一個聰明的孩子。
學校的猜謎比賽，
他總是猜中得最多。

課堂上的算術題，
跳跳豆總是算得最快。
老師教同學做勞作，
跳跳豆總是完成得最好。

別看跳跳豆終日蹦蹦跳跳的，
他其實是個愛看書，愛思考，
愛學習的孩子呢。

這天，跳跳豆在樹下看書，
火火豆和脆脆豆正好跑步經過。
火火豆跑得很輕鬆，
脆脆豆跟得很吃力。

原來，脆脆豆剛剛開始練習跑步，
而火火豆已經是跑步好手了。
脆脆豆跑得氣喘噓噓。
跳跳豆在旁為他打氣：
「脆脆豆加油！」

猜謎比賽

不久，班上來了一位
新同學小洋蔥。
學校的猜謎比賽，
跳跳豆猜中得多，
小洋蔥猜中得更多。

課堂上的算術題，
跳跳豆算得快，
小洋蔥算得更快。

老師教同學做勞作，
跳跳豆完成得很好，
小洋蔥完成得更好。

大家都說跳跳豆聰明，
看來小洋葱比跳跳豆更聰明。
跳跳豆有點氣餒了：
「我真的比不上小洋葱嗎？」

這天，跳跳豆又在樹下看書，
脆脆豆正好跑步經過。
他這次跑得很輕鬆啊！

「脆脆豆，你看來進步多了。」
跳跳豆說。
「我天天努力練習的呀！
老師說過，只要努力，
就有進步。」

「你想跑得比火火豆好嗎？」
跳跳豆問。
「我沒想過，我只想自己
越跑越好。」
脆脆豆說完，繼續向前跑遠了。

「對，我自己越來越聰明就夠了。」
跳跳豆高興地往圖書館走去。
他決定以後繼續多看書，
多思考，多學習，
做個越來越聰明的孩子。

小跳豆做最好的自己故事系列
積極向上的跳跳豆

作者：袁妙霞
繪圖：Monkey
策劃：黃花窗
責任編輯：黃偲雅
美術設計：劉麗萍
出版：新雅文化事業有限公司
香港英皇道499號北角工業大廈18樓
電話：（852）2138 7998
傳真：（852）2597 4003
網址：http://www.sunya.com.hk
電郵：marketing@sunya.com.hk
發行：香港聯合書刊物流有限公司
香港荃灣德士古道220-248號荃灣工業中心16樓
電話：（852）2150 2100
傳真：（852）2407 3062
電郵：info@suplogistics.com.hk
版次：二〇二三年六月初版